DIL MAI DABA KAR RAKHOGE?

Unsaid emotions, silent hearts, and the feelings we could never explain.

Some relationships are not broken by distance, but by the words left unspoken.

By

Tanish Mehra

First Edition — 2026

Published in India.

For everyone who felt deeply
but could never find the right words to say it.

—By Tanish Mehra

A Note From The Author

This book is about the feelings we often keep buried inside our hearts — the words left unspoken, the emotions hidden behind silence, and the thoughts we struggle to express in relationships. Whether it is love, friendship, marriage, or family, many people carry emotions they never truly say out loud.

Several topics in this book are inspired by real conversations and experiences shared by different people. For some chapters, I also took help from people who are personally living through those relationships and emotions, so the feelings written here could feel more honest and real. I also received guidance from relationship perspectives and discussions to understand these emotions more deeply.

This book is not written to judge anyone. It is simply written for those who have ever felt deeply, but stayed silent.

Thank you for reading with your heart.

— Tanish Mehra

Table of Contents

1

MAA: EK EHSAAS

Maa, main keh nahi paaya...

Ek beta kya sochta hai,
kyun wo apne jazbaat daba deta hai,
kyun wo sab kuch chhupa leta hai…
yeh baat shayad wo khud bhi nahi samajh pata.

Aksar kehte hain,
ek bete ka pehla pyaar uski maa hoti hai.

Par yeh ehsaas usse tab hota hai,ha
jab wo bada ho jaata hai.

Wo samajhne lagta hai ki
iss aurat ne uske liye jo kiya,
wo shayad koi aur kabhi nahi kar sakta.

Chahe koi kitni bhi koshish kar le,
kuch na kuch hamesha adhura reh hi jaata hai.

Hum apne pyaar ko hamesha daba ke rakhte hain… jakak
use lafzon mein kabhi poora utaar hi nahi paate.

Haan, kabhi kabhi keh dete hain —
"Love you Maa"

Aur kabhi uski godh mein sar rakhkar
chain se so bhi jaate hain…

Par phir bhi,
dil ke kisi kone mein
ek ehsaas hamesha reh jaata hai…

jo kabhi poora keh nahi paaye.

Chhupa ke rakha hai usse, ki tu sabse upar hai.
Hamari nazron mein toh bhagwan bhi tu hi hai.

Hum aksar bol nahi paate woh dukh jo hum har baar seh lete hain.
Dil karta hai ki chahe chhota sa hi kyu na ho, ro lein…
Tujhe gale laga kar sab bayaan kar dein,
Apna dil halka kar dein.

Par darr lagta hai—
Tujhe batane se, apna dard dikhane se.

Bachpan hi theek tha…
Tab sab bol dete the, jab duniya ki samajh nahi thi.
Ab jaise jaise bade ho rahe hain,
Apna pyaar aur dard dono dabana seekh liya hai.

Bachche toh bas bol dete hain, ro dete hain, jee lete hain.
Par hum… sab chupate hue jee rahe hain.
Kaash hum apni khushiyan aur gham dono bata paate,
Kaash hum uske dukh bhi sun paate.

Hamesha khud mein hi uljhe rahe…
Kabhi yeh nahi pooch paaye dil se—
"Aap theek ho?"

kI MAA

Maa, ek din main gir gaya tha…
Bahut si chot aayi thi, par tujhe batane se ghabra gaya tha.
Isliye tujhe bataya nahi.

Maa, ek din main fail ho gaya tha…
Number maine tujhse chhupa liye.
Maar khane ka darr tha tujhse,
Isliye yeh baat bhi chhupa li.

Maa, aisi bahut si baatein maine chhupayi hain…
Bachpan se lekar ab tak,
Jaise chhupana hi aadat ban gayi ho.

Maa, ab bade ho gaye hain…
Ab zindagi mein kai baar girte hain,
Har chot pehle se zyada dard deti hai.
Phir bhi chhupa lete hain,
Kyunki ab apni nakaamyabi dikha nahi paate.

Maa, ab kai failures mile hain…
Number toh nahi, par chehra chhupa leta hoon.
Kahin tu dekh kar ro na pade,

"Is duniya mein sab kuch badal sakta hai,
par Maa ka pyaar kabhi nahi."

"Woh bina kahe sab samajh leti hai…
shayad isliye woh Maa hai."

Uske Barabar Koi Nahi

Uske barabar dil koi la nahi sakta…
Maa jaisa koi ban nahi paaya.
Uske barabar koi pyaar de nahi sakta.

Har galti par maaf kar dene wali,
sirf maa hi hoti hai.

Shaadi ke baad aksar log maa se alag ho jaate hain.
Chehre par khushi dikhai deti hai,
par dil mein kahin na kahin dard reh jaata hai.

Uska waqt dheere-dheere kisi aur ka ho jaata hai,
par maa ka pyaar kabhi kam nahi hota.

Woh hamesha humari khushi ke liye
apni khushiyaan tak qurbaan kar deti hai .

"She never let you make cry
And never showed when she cried"

2

PAPA: KHAMOSH PYAAR

Papa — main chup chup baitha rehta hoon.

Aksar hum apne papa ko pyaar dikha hi nahi paate. Baar-baar mann mein yeh sawaal aata hai ki kahin woh yeh toh nahi sochte honge ki hum unse pyaar nahi karte. Maa se toh hum khul kar baat kar lete hain, par papa se jaise ek halka sa darr hamesha bana rehta hai. Dil toh karta hai ki unhe bhi apne dil ka pyaar dikhaun, par kuch na kuch hamesha rok leta hai.

Maa aur bachche ke rishte par bahut kuch likha gaya hai, par papa aur bete ya beti ke rishte ki baat kam hoti hai. Aaj baat usi rishte ki — jiska pyaar hum dil mein dabaye ghoomte rehte hain.

Hum sab ka apne pita se rishta thoda adhura sa lagta hai. Jahan hum apni dil ki baatein kehne se hichkichate hain. Bachpan ka darr ho ya samajh ki doori, dheere-dheere hum apni feelings daba kar jeene lag jaate hain — aur yeh chup-chaap pyaar kabhi lafzon tak pahunch hi nahi paata.

Der ho jaati hai hamesha yeh kehne mein ki kitna pyaar hai. Duniya ne jaise humein thoda alag bana diya hai—ehsaas toh wahi hain, par unhe jatana mushkil ho gaya hai. Achha lagta hai dekh kar ki kuch log ab khul kar baat kar lete hain, par pair bhi andar kahin na kahin kuch na kuch daba hua reh hi jaata hai.

Bachpan ke kuch saal aise the, jahan hum khul kar sab kuch bol diya karte the. Dheere-dheere bade hote gaye, aur pata hi nahi chala kab dooriyan badh gayi. Unka samjhana humein tokna lagne laga, thoda darr bhi bas gaya dil mein. Hum maa ki taraf zyada khinchne lage, aur papa se baatein kam hoti gayi. Shayad kuch baatein aisi chiji jinke kaaran hum apne dil ki baat kabhi keh hi nahi paaye.

Pachtawa / Regret / Guilt

Kabhi bol nahi paaye — shayad isi liye yeh pachtawa dil mein reh gaya. Agar aage bhi nahi bol paaye, to yeh pyaar ka bojh hum aur kitni der tak uthaye rakhenge? Sab kehte hain waqt nikal jaata hai… is baar waqt se pehle hi keh dete hain — har baar ka ek "I love you"!

Bachpan se jis insaan ne humari har khwahish poori karne ki koshish ki, kya woh humare alfaazon ka haqdaar nahi? Chhoti si pencil se lekar badi-badi cheezein dilane tak, woh hamesha saath raha. Apne shauk chhupa kar, hamare shauk poore kiye. Khud sasti cheezein le aaya, par humein mehengi khushiyan di!

Usne hamari har muskurahat ka khayal rakha, bina kabhi jataye. Aur hum… hum uske hisse ka pyaar bhi lafzon mein de nahi paaye. Shayad isi baat ka pachtawa sabse zyada rehta hai.

Guilt / Pachtawa

Dil ke andar kahin na kahin sabke ek guilt hota hai — papa ke liye. Kabhi baith kar sochte hain ki humne unke liye kiya hi kya? Shayad hum unhe kabhi waise khush kar hi nahi paaye, jaise woh humein karte rahe. Pachtawa hota hai… kyunki bachpan mein jo bhi chahiye hota tha, bina kahe mil jaata tha. Mummy se chupke-chupke, bina bataye, woh hamari har khwahish poori kar dete the. Har chhoti-badi khushi ke peeche wahi insaan khada hota tha.

Zindagi ke alag-alag mod par logon ko iska ehsaas hota hai — aur ehsaas se zyada pachtawa. Par shayad ab bhi der nahi hui.

Aaj sochte hain, kyun na dil ki baat bol hi dein. Koshish karte hain ki ghar se bahar nikal kar apni zimmedari uthayein, bade banein, aur unka naam roshan karein. Bachpan se lekar aaj tak, bina kahe jo saath khada raha — woh sirf hamare papa hi hain.

Toh chalo, aaj keh hi dete hain — hum bhi aapse bahut pyaar karte hain. Aapne bahut kiya, ab hamari baari hai. Aapne bina kahe har khwahish poori ki, ab hum koshish karenge ki aapke sapne poore kar sakein.

Shayad hum kabhi unke ehsaan chuka na paayein, par jab apni manzil tak pahunch jaayenge, tab unki aankhon mein jo garv hoga… wahi sab kuch keh jaayega.

Main Kyun Bol Na Paaya

Main kyun bol na paaya aapse,
Yeh baat mujhe aaj bhi sataati hai…
Jab bhi peeche mudkar dekhta hoon,
Aap hi har mod par khade nazar aate hain!

Khud do joote pehne honge shayad,
Par mujhe hamesha behtar dilaya…
Apne shauk daba kar aapne,
Mujhe khul kar jeena sikhaya!

Karke bhi itna sab kuch,
Kabhi jataya nahi aapne…
Baap se bada koi saaya nahi,
Yeh baat samajh aayi ab jaake!

Bina kahe samajh li har khwahish,
Har raasta aapne hi dikhaya…
Baap se bada kaun hota hai,
Yeh ehsaas waqt ne samjhaya!

Ek baap hona aasan nahi hota,
Yeh baat ab samajh mein aayi hai…
Hum chahe karz chuka na paayein,
Par koshish dil se zaroor ki hai!

Bas itna chahta hoon ab,
Ki aapka sar kabhi jhukne na doon…
Apne dum par itna kar jaun,
Ki aap par fakr karne ka mauka de du.

Behind every strong person, there's
A father silently standing

*"Unki khamoshi mein ek poori
zindagi ka pyaar chhupa hota hai."
"Papa kabhi zyada nahi bolte, par
har zarurat se pehle saath hote hain."*

Kya usse pyaar mil nahi paaya...?

Jab wo paida hui,
ghar mein khushi ki leher daud gayi thi…

Sabse zyada khush uske baba the,
usi din se usse apni princess bana liya,
apni palkon par saja liya.

Bahut gehra tha unka rishta,
jaise ek doosre ki saansein ho…

Wo duty par jaate,
to wo chhoti si bachi
khamosh si pad jaati thi.

Aur jab wo laut kar aate…
to uski duniya phir se roshan ho jaati.

Kandhon par bitha kar ghoomate,
jaise aasman bhi chhota pad jaaye…

Har khilona,
har chhoti si khwahish,
bade pyaar se poori karte the.

Wo abhi chhoti thi,
itni samajh kahan thi usse…

Phir ek din,
wo duty par gaye…

Aur is baar,
laut kar wapas na aa paaye.

Wo masoom samajh na paayi,
bas intezaar karti rahi…

Jab bhi wo beemar hoti,
na jaane unke dil par kya beetti hogi…

Door rehkar bhi,
shayad wo uske paas hi hote honge.

Aaj bhi…
alag hoke bhi saath hain dono.

Wo apni princess ko raasta dikhate hain,
aur peeche kahin khade hoke,
usse apne pairon par khada hota dekh
chupke se muskuraate honge…
Aur kya chahiye ek pita ko…

—by love

3
US AUR MAIN

Wo Pehli Mulaqat

Log toh bahut milte hain, par kuch log aise hote hain jinse milkar lafz ruk jaate hain, saanse tham si jaati hain aur nazrein bas un par hi thehar jaati hain. Agar nazrein hat bhi jaayein, toh unki wo ek jhalak kabhi bhoolayi nahi jaati. Ye ehsaas lag-bhag har kisi ne mehsoos kiya hai—chahe ladka ho ya ladki. Kisi ko dekhte hi dil mein ajeeb si khushi bhar jaati hai, aur kabhi sirf unki maujoodgi hi pyaar ka ehsaas kara deti hai. Jab wo pehli mulaqat hoti hai, toh har cheez samajh se bahar lagti hai. Log aksar ise pyaar ka naam de dete hain, par zaroori nahi ki wo pyaar hi ho—kabhi wo sirf ek gehra attachment hota hai, jo hazaron mein kisi ek se ho jaata hai.

Log do tarah ke hote hain—ek jo is ehsaas ko samajhkar rishta bana lete hain, aur dusre jo bas chahaton ke hisaab se use ek lamhe tak hi mehsoos karte hain. Par sach kahun, wo pehli mulaqat kuch aur hi hoti hai... jahan hum saamne wale ki baaton mein nahi, balki unki maujoodgi mein kho jaate hain. Ek alag hi ehsaas hota hai, jo dil ko samajh aane se pehle hi mehsoos ho jaata hai. Aur phir dil maanta hi nahi—wo pehla ehsaas dobara chahiye hota hai, har baar, har mulaqat mein.

Dosti

Wo pehli mulaqat se dosti tak ka safar har kisi ke liye alag hota hai—kisi ke liye aasaan, toh kisi ke liye thoda mushkil. Kabhi koi bina zyada koshish ke hi apna lagne lagta hai, aur kabhi kisi ko apna banane mein waqt lag jaata hai. Par jab baat dosti tak pahunchti hai, toh dil mein ek alag hi sukoon hota hai. Unse baat karne ka mann karta hai, har chhoti-badi baat unhe batane ka mann hota hai. Dheere-dheere ye baatein hi rishton ko aage badhati hain aur ek anjaane se insaan ko apna bana deti hain.

Dosti ka matlab sirf saath rehna nahi hota, balki ek dusre ko samajhna bhi hota hai—unki khushi mein khush hona, unki pareshaani mein unka saath dena. Kabhi hasi-mazaak, kabhi serious baatein, aur kabhi bas bina bole ek dusre ko samajh lena—ye sab dosti ko aur gehra bana deta hai. Kehte hain na, pyaar se pehle dosti zaroor hoti hai, aur shayad isi liye dosti sabse khoobsurat rishton mein se ek hai. Par jab dosti ban jaati hai, tab sawaal yahi hota hai—kya ye rishta yahin tak rahega, ya phir isse aage bhi kuch hoga? Aur shayad isi sawal mein hi us kahani ka agla mod chhupa hota hai.

Phir Aage...

Phir aage hum unse aur zyada judne lagte hain. Unka saath rehna ek alag hi ehsaas deta hai—aisa jo dil ko sukoon bhi deta hai aur halka sa bechain bhi kar deta hai. Dheere-dheere baatein badhti hain, waqt saath guzarta hai, aur pata hi nahi chalta ki kab wo anjaana sa shakhs ek khaas dost ban gaya... aur kab uske liye dil mein kuch aur mehsoos hone laga. Ye sab itna dheere hota hai ki samajhne ka mauka hi nahi milta, bas ehsaas apne aap gehra hota chala jaata hai.

Yeh ehsaas har koi karta hai—koi ise accept kar leta hai, aur koi khud se hi isse door bhaagne ki koshish karta hai. Par sach ye hai ki jitna hum in feelings ko ignore karte hain, utna hi ye waqt ke saath aur gehri hoti jaati hain. Aakhir mein, chahe hum maane ya na maane, dil apna raasta khud bana leta hai... aur feelings apni jagah bana hi leti hain.

Do Tarah Ke Rishte

Phir aage chal kar rishte aksar do tarah se bante hain. Ek wo, jo shuruaat se hi dil se nibhaye jaate hain—jahan insaan apni koshishon se dheere-dheere saamne wale ke kareeb aata hai. Wo apne dil ki baat kehne ki chah mein rehta hai, intezaar karta hai us pal ka jab sab kuch lafzon mein bayaan ho sake. Unke saath guzara hua waqt dheere-dheere ek kahani ban jaata hai, jisme har lamha khaas lagta hai.

Aur doosra wo rishta hota hai, jahan lafzon ki zaroorat hi nahi padti. Jahan bina bole hi dono ek dusre ko samajh jaate hain. Sirf nazron se baatein hoti hain, aur waqt jaise khud ruk kar unhe mehsoos karta hai. Aise rishte mein "samajhna" hi sabse badi baat hoti hai—kyunki jab dil jud jaate hain, toh har ehsaas apne aap samajh aa jaata hai.

Keh nhi paaya

Keh Na Paana…

Baat kehni toh hoti hai, par kehne mein hamesha thodi si hich-kichahat rehti hai. Dil chahta hai sab kuch bayaan kar dena, par darr lagta hai—kahin ye khoobsurat dosti bhi na kho jaaye. Isliye hum alag-alag tareekon se apni baat samjhaane ki koshish karte hain, par seedha keh dena… wahi sabse mushkil lagta hai. Ek ajeeb si ghabrahat hoti hai, jo lafzon ko hothon tak aane se rok leti hai.

Kuch log yahin haar maan lete hain—dil ki baat dil mein hi daba kar, rishta sirf dosti tak hi rehne dete hain. Par kuch log himmat karte hain aur aage badh jaate hain. Ye waqt sabse khaas hota hai—kisi ke liye khushi ka, jab wo apna pyaar paa lete hain; aur kisi ke liye dard ka, jab unhe inkaar milta hai. Phir bhi, kabhi-kabhi bina kahe bhi sab kuch jee liya jaata hai. Kuch rishte aise hote hain jahan dono hi kuch nahi kehte, par phir bhi sab samajh jaate hain—aur chup-chaap ek pyaar ke rishte mein bandhe rehte hain.

Aakhir

Aakhir maine wo paa liya—
kisi ne izhaar karke paaya,
kisi ne bina bole hi apna bana liya!
Kisi ko waqt ne mila diya,
aur kisi ko haalaat ne judne par majboor kar diya!

Pyaar toh bahuton ne kiya,
par har kisi ne apne tareeke se nibhaya!
Kisi ne risk liya aur sab kuch paa liya,
toh kisi ne darr ke saaye mein
khud ko hi khona sikh liya!

Paya to bahaoto ne par unka kya . Unka kiska?

"Uska, jisne izhaar karke khoya,
Jisne bina bole hi khoya,
Kisi ne waqt ke mutabik khoya,

Aur kisi ne kisi teesre ki wajah se."

Baat to aksar hui unki jisne paaya hai Kya beeti hogi uspe
jisne Khoya. Khoya?

Kahin wo pehli mulaqat ka ehsaas khoya,
Kahin usne khud ko khoya,
Kahin ek achhi dosti khoyi,
Kahin ek apna sa insaan khoya.

Woh kehte hain na, har sikke ke do pehlu hote hain—
har faisle mein bhi do raaste hote hain!
Hum koshish karenge un dono pehluon ko samajhne ki,
unhe duniya ke saamne rakhne ki,
aur dil ki baatein khul kar kehne ki!
Kyuki aakhir kab tak hum apne jazbaat
dil mein daba kar rakhenge?

Jazbaat dabane se halka nahi hota dil,
ek din woh khud hi alfaaz ban kar
nikal aata hai.

Woh Baatein...

Woh na khatam hone wali baatein—
na din ka hosh, na raat ka pata.
Bas ek ehsaas hota hai,
jisme sab kuch bhool jaane ka mann karta hai,
har lamha sirf baat karte rehne ka dil chahta hai.

Woh ehsaas jahan dono "haan" kehne mein bhi hichkichate hain,
par phir bhi dil ki har baat ek dusre tak pahunch jaati hai.
Subah se lekar raat tak baatein karna,
ek alag hi khushi deta hai—
jahan chhoti se chhoti baat bhi
khaas lagne lagti hai.

Har log aksar ise love ka "peak point" kehte hain—
jahan raat ke 2 baje tak baatein karna bhi mushkil nahi lagta.
Par agar hume sach mein saamne wale ko samajhna ho,
toh sirf baaton se zyada, dil se samajhna zaroori hota hai!

Ye wahi waqt hota hai,
jab rishta dheere-dheere aage badhta hai—
jahan sirf words nahi,
balki emotions bhi apni jagah bana lete hain!

One-Sided Efforts

Ek jagah likha tha—
"khana aur pyaar, dono zyada de do,
toh log aksar adhura chhod kar chale jaate hain!"

Aksar bahut se rishton mein aisa hota hai ki dono mein se ek insaan
thoda zyada hi efforts daalta hai,
rishta mazboot banane ki poori koshish karta hai!
Woh har chhoti baat ka khayal rakhta hai,
samajhne ki koshish karta hai,
aur har haal mein saath dene ki chaah rakhta hai!
Agar saamne wala uski value samajh le,
toh yehi efforts rishton ko umar bhar ke liye jod dete hain!
Par jab ye sab ek tarfa reh jaata hai,
toh dheere-dheere ek kami mehsoos hone lagti hai—
jaise rishta chal toh raha ho,
par dil se nahi!

One-sided efforts sirf dene ka naam nahi hai,
balki dheere-dheere khud ko khone ka bhi ehsaas hai!

Jab ek insaan lagataar deta rehta hai
aur badle mein sirf khamoshi ya kam parwah milti hai,
toh andar hi andar thakan si bhar jaati hai!
Phir na shikayat hoti hai, na sawaal—
bas ek chup si aadat ban jaati hai,
jahan insaan sab samajh kar bhi kuch nahi kehta!

Ye lafz sabne suna hai—"one-sided efforts",
par asal mein ise wahi samajh paata hai
jo ise khud apne rishton mein jee chuka hota hai!

"Mohabbat aaj bhi wahi hai...
bas baat karne ka haq kho diya."

Ek tarfa

Ek tarfa nibhate rahe hum ye rishta,
wo bas dekhte rahe khamosh khade...
Hum har mod par saath dete gaye,
aur wo har baar peeche hatte rahe!

Dil se diya tha sab kuch humne,
par unhone kabhi samjha hi nahi...
Hum toot kar bhi unke rahe,
aur unhe farq kabhi pada hi nahi!

Kabhi socha tha saath chalenge zindagi bhar,
par raaste hi alag ho gaye...
Hum unke liye sab kuch ban baithe,

aur wo humein kuch bhi na samajh paaye!

Relationship

Agar tum apne "peak" ko maintain kar sakte ho,
toh wahi tumhe ek alag pehchaan deta hai!
Par jab baat relationship ki aati hai,
toh yeh sirf ek insaan se nahi chal pata—
kyunki ismein dono ke efforts barabar hone zaroori hote hain!

Aksar log rishton mein aage badh toh jaate hain,
par unhe nibhaana utna hi zaroori hota hai!
Sirf shuruaat achhi hona kaafi nahi hota,
usse waqt ke saath sambhalna bhi padta hai!

Aur haan, har rishta toot jaata hai aisa bhi nahi—
bahut se log ise bahut khoobsurti se nibhaate bhi hain!

Jahan samajh hoti hai, wahan baatein sulajh jaati hain!
Jahan respect hota hai, wahan ego jagah nahi bana pata!
Aur jahan dono saath chalna chahte hain,
wahan mushkilein bhi raaste nahi rok paati!

Relationship sirf pyaar ka naam nahi,
balki patience, trust aur samajh ka bhi ek imtihaan hota hai—
aur jo ise sahi tarah se nibha le,
wahi asal mein rishton ki ahmiyat samajh paata hai!

Insecurity

Kisi mehengi cheez ya keemti rishte ko paane ke baad,
usse khone ka darr bhi utna hi gehra hota hai!
Relationship mein jab koi insaan humare liye "valuable" ban jaata hai,
toh usse kho dene ka khayal hi andar se hila deta hai!
Isi darr se aksar log possessive ya overprotective ho jaate hain—
kisi ki nazar mein ye pyaar lagta hai,
toh kisi ki nazar mein galat!

Sach ye hai ki insecurity aksar bina wajah nahi aati!
Ye kahin na kahin past ke experiences,
ya dil ke kisi purane zakham se judi hoti hai!
Jab koi pehle toot chuka hota hai,
toh wo dobara wahi dard mehsoos karne se darta hai!
Isliye wo apne rishte ko itna kas ke pakad leta hai
ki kabhi-kabhi ussi ko ghutne lagta hai
Insecurity dheere-dheere rishton mein apni jagah bana leti hai!

Shuruaat mein ye sirf chhoti si fikr hoti hai—
"kahan ho?", "kis se baat kar rahe ho?"
Par waqt ke saath ye sawaal badhne lagte hain,
aur bharosa kam hone lagta hai!

Agar samne wala ise samajh na paaye,
toh rishta andar hi andar khokla hone lagta hai!

Par iska matlab ye nahi ki insecurity galat hi hoti hai—
ye sirf ek ehsaas hai,
jo batata hai ki hum kisi ko kitna chahte hain!
Galat tab hota hai jab ye ehsaas
control ya doubt mein badal jaata hai!
Isliye zaroori hai ki ise samjha jaaye,
isse chhupaya nahi, balki share kiya jaaye!

Insecurity ko khatam karna aasaan nahi hota,
kyunki ye dil se judi hoti hai, logic se nahi!
Par agar dono ek dusre ko samajhne ki koshish karein,
khul kar baat karein,
aur trust banaye rakhein,
toh dheere-dheere ye darr kam ho sakta hai!

Aakhir mein, rishta tabhi mazboot banta hai
jab pyaar ke saath trust bhi ho!
Kyuki jahan bharosa hota hai,

wahan insecurity apne aap kam ho jaati hai—
aur jahan sirf darr hota hai,
wahan pyaar bhi dheere-dheere kam padne lagta hai!

Keh Do...

Kyun apna pyaar dabaye hue baithe ho?
Kya khona chahte ho uss shakhs ko,
jise tum apna banana chahte ho?

Toh phir kyun rakha hai itna bojh dil mein?
Bayaān kar do apne dil ka haal—
jo rehne wala hoga, woh reh hi jaayega tumhare saath,
aur jo jaane wala hoga,
woh chahe tum kuch bhi kar lo… chala hi jaayega!

Dil Ki Baatein Dabana

Aksar hum dil ki baatein apne andar hi daba kar rakhte hain!
Woh baatein jo kisi aur ke liye hoti hain,
par hum keh nahi paate…
aur dheere-dheere wahi baatein humein andar hi andar
todne lagti hain!
Par aisa kyun hota hai?
Kyun hum apne dil ka raaz kholne se darte hain?
Shayad isliye, kyunki ek baar humne kisi ko apna samajh kar
sab kuch keh diya tha…
aur saamne wala use samajh nahi paaya!
Woh kabhi samajh hi nahi paaya ki uski chhoti si baat
humein kitna pareshan kar rahi thi!
Tab se humne apne andar ek doosra chehra bana liya—
jo sab kuch mehsoos karta hai, par kuch kehta nahi!

Agar saamne wala samajh jaaye, toh sab theek lagta hai!
Par agar na samjhe, toh wahi baatein mazaak ban jaati hain,
aur chhoti si baat kabhi-kabhi bahut badi ban jaati hai!

Isliye hum bolne se jhijhakne lagte hain—
sochte hain, "saamne wala kya sochega?",
"kahin main galat toh nahi lagunga?"
Aur aise hi hazaar sawaal mann mein aate rehte hain!

Aksar ye baatein dabana rishton ko bachaa toh leta hai,
par jo insaan unhe dabaye rakhta hai…
andar se usse dheere-dheere tod deta hai!

Dil Ka Raaz

Kyuki ek baar keh diya tha maine,
dil ka har raaz khol diya tha maine,
apna samajh kar sab kuch bata diya,
taaki wo mujhe samajh paaye…

Par saamne wala samajh hi na paaya,
na mehsoos kar paaya wo dard,
jo uski chhoti si baat ne
andar hi andar jagaya tha!
Tab se ek naya chehra bana liya maine,
jo sab kuch seh leta hai,
par kuch bhi kehta nahi!

Agar samajh jaaye toh sab theek lagta hai,
par na samjhe toh mazaak ban jaata hai…
Aur kabhi-kabhi ek chhoti si baat hi
bahut badi ban jaati hai!

Agar Samajh Na Paaye...

Agar saamne wala insaan samajh jaaye, toh baat karna hi sab kuch theek kar deta hai—dil halka ho jaata hai aur rishta aur gehra lagne lagta hai. Lekin kya hota hai jab wo samajh na paaye, ya phir usse ek alag nazariye se dekhe? Tab baatein sulajhne ke bajaye ulajhne lagti hain. Jo humne dil se kaha hota hai, wahi galat samajh liya jaata hai, aur jo ehsaas hum share karna chahte the, wahi humari kamzori ban jaata hai. Dheere-dheere insaan bolne

se pehle sochne lagta hai, aur phir chup rehna seekh jaata hai—kyunki har baar samjhaane ki koshish zaroori nahi ki samajh hi aa jaaye. Shayad isi liye, dil ki baatein kehna jitna aasan lagta hai, unhe samjha paana utna hi mushkil hota hai!

lekin kya hota hai . kya hota hai ?

Wahi Dar...

Aksar wahi hota hai, jiska darr hota hai,
dil ki baat kehna hi galti lagne lagta hai!
Waade toh ho jaate hain ek dusre ko samajhne ke,
par woh khaas baat hi samajh nahi aati hai!

Hum khol dete hain dil apna,
woh bas sun kar reh jaate hain,
Aur phir ek mod par aake
chup-chaap muh mod jaate hain!

Tab samajh aata hai,
darr bekaar nahi tha shayad,
kuch baatein keh dena aasaan hota hai,
par samajh paana har kisi ke bas ki baat nahi hoti!

Fir aage kya?

Wahi hota hai—ek chhoti si ladai dheere-dheere ek naye daur ki shuruaat ban jaati hai. Baat badhti hai aur beech mein ego, self-respect, overthinking, possessiveness aur kabhi-kabhi toxicity bhi aa jaati hai. Pyaar wahi rehta hai, lekin nazariye badalne lagte hain; kisi ka care possessiveness lagne lagta hai, kisi ki baat samajh nahi aati, aur kisi ki khamoshi chubhne lagti hai. Dheere-dheere ek pyaari si kahani andar hi andar tootne lagti hai.

Aksar samajhdaar log yahin apne rishton ko sambhal lete hain, lekin har koi itna samajhdaar nahi hota. Chhoti-chhoti baaton se shuru hui dooriyan kab nafrat ki taraf badhne lagti hain, pata hi nahi chalta. Woh late night baatein late night fights mein badal jaati hain, aur roz milne ki aadat kuch dino ki doori ban jaati hai. Aur phir, bina samjhe hi, pyaar dheere-dheere khamosh ho jaata hai.

Aur ek din achanak, woh kitaab do lafzon ke saath band ho jaati hai—jisme dono ke nazariyon mein dono hi sahi hote hain. Dono apni jagah galat nahi hote, par sach toh ek hi hota hai; bas har koi apne self-respect aur attitude ko hi sach maan leta hai, aur wahi hamare beech deewar ban jaata hai.

Aakhir mein sawal wahi reh jaata hai—kya is jeet mein bhi koi jeet paata hai, ya phir dono hi chup-chaap haar jaate hain?

Breakup / Distance

Phir wahi hota hai—jo dono kabhi ek dusre ke bina reh nahi paate the, aaj sabse zyada door ho jaate hain. Jo kabhi ek dusre ki godh mein sukoon dhoondte the, ab ek dusre ka zikr tak karna nahi chahte.

Kyun? Kyunki ek chhoti si baat, jo shayad usi waqt keh di jaati toh sab theek ho sakta tha, dheere-dheere itni badi ban jaati hai ki rishta hi tootne lagta hai. Baatein daba di jaati hain, jazbaat chupaa liye jaate hain, aur jo kehna chahiye hota hai, woh kabhi kaha hi nahi jaata. Shayad iss darr se ki baat aur bigad na jaaye, par aksar wahi khamoshi sabse zyada nuksaan kar jaati hai. Isliye keh dena zaroori hota hai—jo bhi dil mein ho.

Par aakhir mein wahi hota hai jiska darr hota hai—dooriyan. Aur yeh dooriyan aisi hoti hain jo sirf faasla nahi badhati, balki logon ko andar se badal deti hain. Kai baar hum keh dete hain "I will go far," par jab sach mein koi door chala jaata hai, tab samajh aata hai ki woh sirf lafz nahi the. Tab tak der ho chuki hoti hai, aur dono apni-apni zindagi mein aage badhne ki koshish kar rahe hote hain… lekin kahin na kahin, ek hissa hamesha peeche reh jaata hai.

Distance doesn't just separate two people, sometimes it quietly ends what once felt unbreakable."

Regret

Door toh ho jaate hain, par dil mein ek baat hamesha khatak jaati hai—kaash main us waqt baat kar leta, kaash main samajh leta. Kaash woh lamhe thode aur sambhal leta, kaash hum itni aasani se tootne nahi dete.

Aksar hum sochte reh jaate hain ki kaash hum us waqt samajh paate, kaash hum baat kar lete. Par jab sab khatam ho jaata hai, tab sirf regret reh jaata hai—dono taraf. Kisi ko iss baat ka afsos hota hai ki woh keh nahi paaya, aur kisi ko iss baat ka ki woh samajh nahi paaya.

Regret kis baat ka hota hai?

Un lafzon ka, jo hum keh nahi paaye...
Un baaton ka, jo hum samajh nahi paaye...
Usse chhod dene ka, usse kho dene ka...
Usse kiye vaadon ko tod dene ka...
Usse rula dene ka...
Aur sabse zyada, usse khud se door kar dene ka.

Par sach yeh hai—regret kabhi kisi ko wapas nahi laata.
Yeh bas ek ehsaas hai, jo dil mein reh jaata hai... aur jiske saath humein jeena seekhna padta hai.

Not every story ends with goodbye…
some stories stay alive forever
inside silent hearts."

Move On

"Move on" ek bahut chhota sa shabd hai, lekin ise karna aksar sabse mushkil hota hai. Kuch logon ke liye yeh bas ek chhoti si baat hoti hai, par kai log saalon tak wahi atke reh jaate hain—4–5 saal tak bhi, usi yaadon mein, usi insaan ke saath. Aur sach yeh hai ki yeh galat hai, kyunki jo chala gaya, woh wapas aane ke liye nahi gaya tha.

Hum aksar apna dil pakad kar baith jaate hain, use aage badhne hi nahi dete—jaise dard ko sambhal ke rakhna hi pyaar ho. Par dil ko pakad ke rakhne se na waqt rukta hai, na yaadein kam hoti hain. Kabhi-kabhi dil ko samjhana padta hai, use dheere se chhodna padta hai, taaki woh dobara jeena seekh sake.

Zindagi rukne ke liye nahi bani. Har kisi ka apna ek safar hota hai, aur kabhi-kabhi kuch log sirf ek hissa hote hain, manzil nahi. Isliye zaroori hai ki hum dheere hi sahi, par aage badhein—khud ke liye, apni khushi ke liye, aur apne future ke liye.

Jo saath nibhane wale hote hain, woh har haal mein saath rehte hain; aur jo jaane wale hote hain, woh chale hi jaate hain. Yeh kehna aasaan hota hai, par isse accept karna bahut mushkil. Lekin zindagi mein jitni jaldi ho sake, humein yeh samajhna padta hai ki humein un logon ko chhod dena chahiye jo humare dil, emotions aur feelings ki kadar nahi karte—jinko humari khushi se koi matlab nahi hota.

Yeh duniya bahut badi hai, aur zindagi mein karne ke liye bahut kuch hai. Isliye move on karna zaroori hai—apne future ke liye next step lena zaroori hai. Kisi aise insaan ke liye kyun rukna, jo tumhe sirf dard de raha ho?

Last Message: Expectation vs Reality

Aksar last message mein log likhte hain, "Be happy," "Take care"... jaise sab kuch theek ho. Par asal mein, unka last message kabhi itna simple nahi hota. Woh "typing..." aur "deleted" ke beech jo reh jaata hai, wahi asli sach hota hai.

Dil toh bas bahane dhoondta hai—kabhi likhne ke, kabhi chup reh jaane ke. Andar hi andar dono yeh kehna chahte hain ki, "Tum mujhe samajh nahi paaye... main apni baatein keh nahi paaya... aur hum is kahani ko adhura chhod kar chale gaye." Jaise kisi kitaab ko beech mein hi band karke rakh diya ho.

Kisi ka last message positive hota hai—"Stay happy, take care," ek halka sa muskurata hua alvida. Aur kisi ka negative—khamoshi, ya phir kuch teekhe lafz, jo dard ko chhupa nahi paate. Par dono hi situations mein, asli baat wahi hoti hai jo keh nahi paayi jaati.

Aur phir, ek waqt aata hai jab insaan samajhta hai—shayad pyaar ka last act yeh hota hai ki hum apni saari feelings aur efforts khud par laga dein. Khud ko better banayein, khud se pyaar karna seekhein, aur dheere-dheere aage badhein. Kyunki aakhir mein, ek din koi aisa zaroor milega jo sirf tumhe choose hi nahi karega, balki tumhe samjhega bhi.

"Hum the to kareeb,

par kismat ne doori likh di."

"Kuch kahaniyan poori nahi hoti…

bas yaad ban jaati hain."

4

TUM GHAR HO

Hum baat karte hain, par sach nahi bolte

Kabhi kabhi rishton ki sabse badi problem lafzon ki kami nahi,samajhne ki kami hoti hai. Hum sochte bahut hain, mehsoosbahut karte hain, par keh nahi paate. Dheere dheere wohkhamoshi andar jagah bana leti hai.

Is topic ke peeche bhiwahi ek chupi hui feeling hai jo aksar log mehsoos karte hain.

Hum chahte hain ki samne wala bina bole samajh jaaye, lekinhar baar aisa ho nahi pata. Isi wajah se expectations tootne lagti hain, dooriyan badhne lagtihain aur dil akela padne lagta hai.

Problem tab aur badh jaati hai jab hum baat karne

ke bajaye chup rehna choose karte hain. Har insaan apnitaraf se sahi hota hai, par sach ye hai ki rishta tabhi bachtahai jab dono ek dusre ko sunne ki koshish karein. Solution perfect hona nahi hota. Solution bas itna hota hai ki waqt par baat kar lo, ego ko side me rakh do, aur apne insaan ko ye ehsaas dilao ki wo important hai. Har rishta tootne ke liye nahi banta.

Kuch rishte bas thodi si samajh, thodi si patience,
aur thodi si sachchai maangte hain.

Hum roz milte hain,
roz baatein bhi hoti hain,
par jo dil ke andar hai…
woh kabhi sach me nahi bolte

—Mrs. Shweta pandey

Jo Hum Keh Nahi Paaye

Har rishta sirf pyaar se nahi chalta, kabhi kabhi himmat bhi chahiye hoti hai — apne dil ki baat kehne ki himmat. Par aksar hum wahi nahi keh paate jo sabse zyada zaroori hota hai. "Mai theek hu" ke peeche chhupi takleef, "kuch nahi" ke andar dabbe hazaar jazbaat, aur muskurahat ke peeche chhupa akelapan… yeh sab hum duniya se hi nahi, kabhi kabhi apne sabse kareeb insaan se bhi chhupa lete hain. Hum baat to karte hain, par sach nahi bolte.

Kabhi ego rok leta hai, kabhi darr. Darr iss baat ka ki shayad samne wala samjhega nahi, ya phir humari baaton ke baad sab kuch badal jaayega. Isliye hum chup reh jaate hain. Aur dheere dheere, ek hi ghar me rehte hue bhi do log ajnabi banne lagte hain. Unke beech sirf khamoshiyaan reh jaati hain, aur woh baatein jo kabhi kehni chahiye thi.

Par sach to yeh hai ki har rishta perfect hone se nahi, sachha hone se tikta hai. Kabhi kabhi sirf itna keh dena hi kaafi hota hai — "mujhe tumhari zaroorat hai", "mujhe bura laga", "mai thak gaya hu", ya "mai tumhe khona nahi chahta." Kyuki jo baatein hum dil me daba kar rakh dete hain, wahi baatein ek din hume ek dusre se door kar deti hain. Shayad pyaar ka asli matlab sirf saath rehna nahi, balki woh sab keh paana bhi hai jo hum duniya se nahi, sirf ek dusre se kehna chahte hain.

—Mrs. Vartka

Ek Chhat, Do Khamoshiyaan

Ek waqt tha jab uss ghar me hasi ki awaaz gunjti thi. Chhoti chhoti baaton par lambi baatein hoti thi, aur ek dusre ka saath hi sukoon lagta tha. Par dheere dheere zindagi ki zimmedariyaan, thakan aur adhure jazbaat un dono ke beech ek aisi khamoshi le aaye jise kisi ne mehsoos to kiya, par kabhi uske baare me baat nahi ki. Ab woh ek hi chhat ke neeche rehte the, par unke dil alag alag kamron me bandh ho chuke the.

Woh roz milte the, saath khaana bhi khaate the, par unki baatein sirf "khana kha liya?", "kaam kaisa tha?" aur "light band kar dena" tak simat gayi thi. Jo baatein kabhi aankhon se samajh jaate the, aaj unhe lafzon me kehne ki himmat bhi nahi bachhi thi. Dono ke paas jazbaat the, par un jazbaaton tak pahunchne ka raasta kho gaya tha.

Par shayad har rishta ek mauka maangta hai — dobara samajhne ka, dobara sunne ka, aur dobara baat karne ka. Kyuki kabhi kabhi ek "tum theek ho?" bhi un khamoshiyon ko tod sakta hai jo saalon se dil ke andar bani hui hoti hain. Rishton ko hamesha bade vaade nahi bachate, kabhi kabhi sirf sachhi baatein aur thoda sa waqt hi kaafi hota hai.

—Mr Ashish

Dil Mein Reh Gayi Baatein

Kuch baatein aisi hoti hain jo hum kehna to bahut chahte hain, par har baar lafz honton tak aakar ruk jaate hain. Kabhi waqt sahi nahi lagta, kabhi darr lagta hai ki samne wala samjhega nahi. Aur kabhi hum bas iss umeed me chup reh jaate hain ki shayad bina kahe bhi sab samajh liya jaayega. Par har khamoshi samajh nahi jaati, kuch khamoshiyaan bas dil ke andar jama hoti rehti hain.

Dheere dheere woh adhure jazbaat aadat ban jaate hain. Muskurahat ke peeche chhupi takleef, "mai theek hu" ke andar dabba dard, aur woh saari baatein jo sirf ek insaan ko kehni thi… sab dil me hi reh jaata hai. Bahar se rishta normal dikhta hai, par andar hi andar do log un baaton ka bojh utha rahe hote hain jo kabhi kahi hi nahi gayi.

Par shayad rishton ko bachane ke liye har baar perfect words ki zaroorat nahi hoti. Kabhi kabhi bas sach bol dena kaafi hota hai. Kyuki jo baatein dil me reh jaati hain, wahi dheere dheere dooriyaan bana deti hain. Aur jo jazbaat waqt par keh diye jaayein, wahi rishton ko dobara zinda bhi kar sakte hain.

—Mrs. Sunita Verma

Saath Rehna Seekh Rahe Hain

Har rishta shuru se perfect nahi hota. Kabhi misunderstandings aati hain, kabhi ego beech me aa jaata hai, aur kabhi zindagi ki thakan do logon ko dheere dheere ek dusre se door kar deti hai. Aisa nahi tha ki unke beech pyaar khatam ho gaya tha, bas woh dono waqt ke saath ek dusre ko samajhna bhool gaye the. Par kuch rishte tootne ke liye nahi, dobara sambhalne ke liye bane hote hain.

Ab woh pehle ki tarah sab kuch perfect karne ki koshish nahi kar rahe, bas ek dusre ko samajhne ki koshish kar rahe hain. Kabhi chhoti baaton par chup reh jaate hain, kabhi bina wajah ek dusre ka haal pooch lete hain. Dheere dheere unhe samajh aa raha hai ki rishton ko bachane ke liye har baar bade promises nahi, balki roz ki chhoti chhoti efforts zaroori hoti hain.

Healing ka matlab sirf purane dard bhool jaana nahi hota, balki un dardon ke saath bhi ek dusre ka haath pakad kar chalna hota hai. Aur shayad isi ko saath rehna kehte hain — jab do log perfect nahi hote, phir bhi ek dusre ko chhodne ke bajaye samajhna choose karte hain.

—Mr. and Mrs. Sharma

Tum ho to har jagah apni si lagti hai."
"Ghar sirf jagah nahi hota… tumhara hona hi ghar hota hai."

Aur Phir Humne Baat Karni Shuru Ki

Bahut waqt tak hum dono ek hi rishta sambhalte rahe, par bina kuch kahe. Khamoshiyaan badhti gayi aur baatein kam hoti gayi. Hum ek dusre ke saath to the, lekin ek dusre tak pahunch nahi pa rahe the. Har din normal lagta tha, par andar hi andar dono kuch na kuch chhupa rahe the — thakan, shikayatein, expectations aur woh saare jazbaat jo kabhi lafzon tak aaye hi nahi.

Phir ek din humne sirf baat karni shuru ki. Na kisi ko jeetna tha, na kisi ko galat sabit karna tha. Bas dil halka karna tha. Pehli baar humne sirf jawab dene ke liye nahi, samajhne ke liye ek dusre ko suna. Kuch baatein dard deti thi, kuch sach chubh rahe the, par unhi sachon ne dheere dheere humare beech bani dooriyaan kam karni shuru kar di.

Tab samajh aaya ki har rishta perfect hone se nahi bachta, baat karte rehne se bachta hai. Kyuki jab do log ek dusre se sach bolna band kar dete hain, tab khamoshiyaan unke beech jagah bana leti hain. Aur shayad pyaar wahi hota hai — jab sab tootne ke baad bhi do log ek dusre se phir baat karna choose karte hain.

- Mr and Mrs Sharma

Khamoshiyon ne door to kar diya tha hume,
par mohabbat ab bhi wahi thi kahin andar.

5
UNTOLD FRIENDSHIP

Some Friendship Stay Unsaid

Har dosti loud nahi hoti. Kuch dostiyan aisi bhi hoti hain jahan roz baat nahi hoti, phir bhi dil ka connection kabhi kam nahi padta. Kabhi hum apne doston ke saath sab kuch share kar dete hain, aur kabhi sabse zaroori baatein andar hi chhupa lete hain. "Mai theek hu" bolkar topic change kar dena, call karne ka mann hote hue bhi na karna, ya mazaak ke peeche apni serious feelings chhupa dena — shayad yahi woh cheezein hain jo dosti ko aur gehra bana deti hain.

Male friendship me aksar emotions kam dikhaye jaate hain. Ek dusre ka saath har situation me dete hain, par dil ki baatein kehne me hichkichahat hoti hai. Female friendship me feelings zyada samjhi jaati hain, par kabhi overthinking aur emotional attachment unhe chup kar deta hai. Aur opposite gender friendship... woh aksar sabse zyada misunderstand ki jaati hai. Kabhi logon ka darr, kabhi feelings ka confusion, aur kabhi society ki soch — bahut kuch unsaid reh jaata hai.

Par asli dosti shayad wahi hoti hai jahan har baat kehna zaroori nahi hota. Kuch log humari khamoshi bhi samajh lete hain.

Woh bina pooche jaan jaate hain ki hum thak gaye hain, toot gaye hain, ya sirf kisi apne ki zaroorat hai. Aur shayad isi liye kuch dost sirf dost nahi hote — woh humari aadat, humara sukoon, aur kabhi kabhi humara ghar ban jaate hain.

Sirf Dosti

Log aksar ladko aur ladkiyon ki dosti ko alag nazar se dekhte hain, jaise ki ye kabhi sach ho hi nahi sakti. Par sach to ye hai ki dosti kisi gender ki mohtaj nahi hoti. Jab ek ladka aur ladki sach mein dost hote hain, to wo ek aisa rishta banate hain jo sirf baaton tak simit nahi rehta, balki ek dusre ki soch, feelings aur duniya ko samajhne ka ek naya nazariya deta hai!

Ye dosti hume bahut kuch sikhati hai—ladka ladkiyon ke emotions aur unki soch ko behtar samajh pata hai, aur ladki ladkon ke perspective ko. Is tarah ka rishta kabhi kabhi society ke banaye hue rules ko challenge karta hai, jahan log ise galat ya sirf relation se jod kar dekhte hain. Lekin asli dosti na to negative hoti hai, na hi forced hoti hai—wo bas ek natural bonding hoti hai.

Haan, is dosti ke apne positive aur negative dono asar ho sakte hain, jaise har relation mein hote hain. Lekin agar trust aur samajh ho, to ye dosti insaan ko aur behtar bana deti hai. Ye hume sikhati hai ki har rishta sirf naam ka nahi hota, uski asli value us samajh aur izzat mein hoti hai jo hum ek dusre ko dete hain.

Aur jab ye dosti gehri ho jaati hai, to hum ek behtar insaan banne lagte hain—zyada samajhdar, zyada emotionally strong, aur

Aksar ladke aur ladki ki dosti ko shak ki nazar se dekhte hain, jaise ye kabhi sach ho hi nahi sakti. Lekin sach ye hai ki dosti kisi gender ya society ke banaye hue rules se nahi bandhi hoti. Jab ek ladka aur ladki sach mein dost hote hain, to wo ek dusre ko sirf ek insaan ki tarah samajhte hain, na ki kisi stereotype ya role ki tarah!

Aisi dosti hume bahut kuch sikhati hai. Ek ladka samajh pata hai ki ek ladki asal mein emotions ko kaise feel karti hai, kis situation mein kaise react karti hai, aur uski soch kitni gehri ho sakti hai. Waise hi ek ladki bhi samajhti hai ki ladke apni feelings ko aksar andar kyun rakhte hain aur wo duniya ko kaise dekhte hain. Ye samajh kitaabon se nahi, balki experience se aati hai!

Hum apni life mein aksar har relationship ko pehle se bani soch aur personal boundaries ke through dekhte hain, lekin ye dosti un boundaries ko thoda tod deti hai. Isme log bina dar ke apni baate share kar pate hain, bina is tension ke ki saamne wala kya sochega ya judge karega. Isi wajah se kabhi kabhi wo baate bhi nikal aati hain jo hum lambe time se andar dabake rakhte hain!

Aisi dosti insaan ko better banne mein help karti hai. Ye hume apni kamiyaan dikhati hai, naye tareeke se sochna sikhati hai, aur dusron ko samajhne ki ability badhati hai.

Yehi experience aage chal kar hume ek better insaan aur better life partner choose karne mein bhi help karta hai!

Aakhir mein, aisi dosti sirf ek rishta nahi hoti—ye ek learning hoti hai jo sikhati hai ki insaan ko insaan ki tarah samajhna hi sabse sahi samajh hai, na ki kisi label ya dar ke basis par!

"Na usse paane ki zid thi,

na khone ka darr…

bas ek ajeeb sa sukoon tha

us dosti mein."

Galat Dosti (The Sacrifice) / Dosti se Badhkar Rishte

Sach ye bhi hai ki kabhi-kabhi dosti rishte tod bhi deti hai. Har dosti hamesha sahi nahi hoti. Kuch rishto mein teesra insaan ban jaata hai jo misunderstandings, jhagde aur dooriyan create karta hai. Zyada tar cases mein aisi dosti sirf apne fayde tak simit ho jaati hai, jisme ek insaan dusre ke emotions ya rishton ki value ko ignore kar deta hai!

Lekin ye bhi sach hai ki har dosti aisi nahi hoti. Par jab situation aati hai jahan ek insaan ko dosti aur apne important rishte ke beech choose karna padta hai, tab yeh faisla bahut mushkil ho jaata hai. Agar rishta sach mein strong aur valuable hai, to usko priority deni chahiye, kyunki kuch rishte life ka base hote hain—jaise family ya life partner!

Agar koi sachcha dost hoga, to wo samjhega ki tumhara parivaar ya tumhara relationship tumhare liye kitna important hai. Aur agar wo samajhne ke bajay pressure create kare ya distance badhaye, to shayad wo dosti utni healthy nahi hai jitni lagti hai!

Iska matlab ye nahi ki dosti galat hoti hai. Sachchi dosti kabhi galat nahi hoti. Galat hota hai sirf imbalance—jab hum kisi ek relationship ko itna zyada importance dene lagte hain ki dusre important rishte hurt hone lagte hain. Life mein balance bahut zaroori hai—dosti bhi, aur rishte bhi!

Ye topic un kai kahaniyon ka conclusion hai jahan logon ne apni zindagi mein relationships aur friendships ke beech struggle kiya. Kuch ne toxic relationships se doori banayi, kuch ne apni friendship ko sabse upar rakha, aur kuch ne apne emotions ko andar hi daba diya—jiska effect unki personal life, parents, aur partners tak par pada!

Seekh ye hai ki emotions ko andar dabaana aur galat cheezon ko blindly follow karna aage chal kar zindagi ko tod deta hai. Isliye har insaan ko samajh ke saath faisla lena chahiye ki kis waqt kaun sa rishta uski life mein sabse zyada important hai!

Special thanks for this reflection:
Dr. Aditya Rana (Relationship Specialist)
Mrs. Shalini Gupta (Psychologist)

"Kuch rishte naam ke mohtaaj nahi hote."

"Woh dosti jo chup rehkar bhi sab kuch keh jaati hai."

Before You Close This Book...

If you've made it this far, then maybe some part of these words found a place inside your heart. Maybe you saw your own story in these pages, your silence in these lines, or emotions you were never able to put into words. This book was never just about love, friendship, or relationships... it was about all the feelings we carry quietly within ourselves.

Sometimes we pretend we're okay. Sometimes we stay silent because we fear being misunderstood. And sometimes, we hold so much inside that even our smiles begin to feel heavy. But deep down, every heart only wants to be understood, heard, and loved honestly.

If this book made you feel a little less alone, even for a moment, then these words have already served their purpose. Because not every relationship needs perfection to survive. Sometimes all it takes is honesty, patience, and the courage to finally say what we've been hiding for too long.

So before you close this book, remember this —

don't let your feelings stay buried forever. Speak gently, love deeply, and hold close the people who try to understand the parts of you that words cannot explain.

And if there is still something left unsaid inside your heart…

maybe it's time to finally let it out.

Thank you

for feeling every word, every silence, and every emotion hidden inside these pags.

—By Tanish mehra

ना कोई शक, ना कोई सवाल होता है,
सच्ची दोस्ती में बस कमाल होता है,
वो लड़का हो या लड़की, फर्क नहीं पड़ता,
जहाँ भरोसा हो, वहीं प्यार होता है
ye male or female friendship mai

www.ingramcontent.com/pod-product-compliance
Lightning Source LLC
LaVergne TN
LVHW090330210926
848480LV00004B/1361
* 9 7 9 8 9 0 4 7 9 2 1 9 0 *